GUÍA DE LECTURA

Escrita por Catherine Bourguignon
Traducida por Marta Sánchez Hidalgo

Rinoceronte

de Eugène Ionesco

Entiende fácilmente la literatura con

ResumenExpress.com

www.resumenexpress.com

EUGÈNE IONESCO

DRAMATURGO FRANCÉS

- **Nacido en 1909 en Slatina (Rumania)**
- **Fallecido en 1994 en París (Francia)**
- **Algunas de sus obras**
  - *La cantante calva* (1950), obra de teatro
  - *La lección* (1951), obra de teatro
  - *El rey se muere* (1962), obra de teatro

De padre rumano y madre francesa, Eugène Ionesco (1909-1994) llega a Francia un año después de nacer y consigue la nacionalidad francesa en 1951. Su obra teatral (*La cantante calva*, 1950; *La lección*, 1951; *Las sillas*, 1952, etc.) ha marcado la literatura: hoy en día es uno de los dramaturgos franceses más representados en el mundo. Preocupado por que se le entienda, ha dejado también muchos comentarios de su obra (*Notas y contranotas*, 1962; *Diario*, 1967, etc.). Fue nombrado miembro de la Academia Francesa en 1970.

Es el líder del teatro del absurdo, nuevo género teatral que llega a cambiar por completo las reglas del teatro clásico después de la Segunda Guerra Mundial.

RINOCERONTE

UNA CONTRAUTOPÍA ORIGINAL

- **Género:** obra de teatro
- **Edición de referencia:** Ionesco, Eugène. 1982. *Rinoceronte*. Traducido por María Martínez Sierra. Madrid: Alianza Editorial
- **Primera edición:** 1959
- **Temáticas:** metamorfosis, totalitarismo, conformismo, voluntad, lucha

Rinoceronte es una obra publicada en 1959 y representada por primera vez ese mismo año. Narra la historia de una extraña epidemia, la «rinoceritis» por la que los habitantes de una pequeña ciudad se transforman en rinoceronte. Al mezclar la comedia y la tragedia, esta obra muestra los peligros del conformismo que hace desaparecer el pensamiento individual y favorece la instauración de las ideologías totalitarias. Hoy en día es, como *La peste* de Camus (escritor francés, 1913-1960) o *1984* de Orwell (escritor británico, 1903-1950), un clásico mundial de la literatura antitotalitaria.

RESUMEN

Jean y Bérenger se instalan en una terraza de una cafetería en la plaza de una pequeña ciudad para beber algo. Jean, un burgués pretencioso, reprocha a Bérenger su aspecto descuidado: está despeinado, no lleva corbata, tiene la ropa arrugada y se pasó con la bebida la noche anterior. En general Jean critica la falta de voluntad de Bérenger sin saber el malestar que se esconde detrás de su comportamiento. Bérenger se esconde cuando llega Daisy, una amiga suya que le gusta, para que no le vea en tal estado. Éste le cuenta a Jean que ha perdido el interés por todo y que se siente fatigado. El alcohol es lo único que le alivia. Jean exhorta a su amigo que se haga cargo. Para él, todo es cuestión de voluntad y hay que disfrutar del tiempo libre para cultivarse. Pero, cuando Bérenger se prepara para ir al museo por la tarde y al teatro esa misma noche, Jean se niega a acompañarle con la excusa de que por la tarde duerme siesta («Está en mi programa», Ionesco 1982, acto primero) y que esa noche está invitado a una fiesta («he prometido ir. ¡Yo cumplo mis promesas!», Ionesco 1982, acto primero).

En ese momento un rinoceronte pasa delante de la cafetería. Jean, la camarera, el jefe de la cafetería y los tenderos de enfrente se quedan atónitos. El único que no ve nada extraño es Bérenger. Al momento pasa un segundo rinoceronte. El episodio provoca el mismo efecto: el asombro de Jean y de las otras personas que están en la placita, la indiferencia de Bérenger. Empieza entonces un gran debate. ¿Es el mismo rinoceronte? ¿Tenía uno o dos cuernos? ¿Es un rinoceronte de África o de Asia? Bérenger y Jean discuten, éste se va. El lógico llega para aclara la situación, pero no resuelve nada («El problema queda correctamente planteado», Ionesco 1982, acto primero).

Los amigos de Bérenger emprenden un gran debate en el trabajo. Daisy asegura haber visto un rinoceronte y un artículo del periódico lo corrobora, pero Botard no se lo cree. Bérenger, que no sabría decir si el rinoceronte tenía uno o dos cuernos, vuelve a pasar por borracho. Entonces se enteran de que hay un rinoceronte en la entrada y de que está destruyendo la escalera. Se trata del señor Boeuf, uno de sus compañeros. Su esposa se va. Como no pueden bajar las escaleras, Daisy llama a los bomberos, pero están saturados de trabajo: se han registrado unos diecisiete rinocerontes en la ciudad frente a los siete de la mañana. A pesar de estos sucesos, sigue sin creérselo mucho. Asegura tener la clave del misterio y conocer a los traidores. Los bomberos llegan y sacan a los empleados uno por uno por la ventana.

Cuando Bérenger va a casa de Jean para pedirle disculpas por la disputa de la noche anterior. Jean está en cama. No se encuentra bien, pero sabe que no se puede poner malo: tiene una herencia genética perfecta, está bien de salud y no necesita ver a un médico. Poco a poco se pone verdoso, sus razonamientos se vuelven más de animales («Tengo que ganarme el bistec»; «pero que no se me atraviesen [los hombres] en el camino porque los aplastaré», Ionesco 1982, acto segundo: segundo cuadro) y le aparece un bulto en la frente: se transforma en rinoceronte. Bérenger sale del apartamento. El resto de los habitantes del edificio también se han transformado en rinocerontes y en la calle distingue una manada de rinocerontes.

Bérenger regresa a su casa y Dudar, un amigo, va a visitarle. Bérenger está en shock por la transformación de Jean en rinoceronte. Tiene miedo del contagio. Intenta convencerse de que con voluntad, seguirá siendo humano. Dudard en cambio relativiza: para él, sólo es una epidemia de rinoceritis, es normal. Cuenta que sus jefes, el señor Papillon y el señor Botard (escéptico ante la epidemia de rinoceritis) también se han transformado. Daisy llega para tranquilizar a Bérenger. El teléfono suena: se oyen sonidos de rinoceronte por el teléfono. La radio sólo difunde sonidos de animales. Las tiendas de la ciudad están destruidas o «cerradas: "por causa de transformación"» (Ionesco 1982, acto tercero). Dudard, visiblemente atraído por el rinoceronte y con miedo a molestar a Daisy y Bérenger, se va y también se transforma en rinoceronte.

Daisy y Bérenger, por fin solos, viven una situación de amor idílica. Pero tienen la impresión de vivir veinticinco años en cinco minutos: su pareja se desvanece y Daisy acaba yéndose, también atraída por los rinocerontes. Bérenger se queda solo delante del espejo («A pesar de todo, un hombre no es tan feo», Ionesco 1982, acto tercero): es el último humano y quiere luchar hasta el final.

ESTUDIO DE LOS PERSONAJES

BÉRENGER

Representa al hombre común. Trabaja en un despacho, lleva una vida monótona, sin muchas distracciones. Está un poco deprimido («Me siento incómodo en la existencia [...] No he podido acostumbrarme a mí mismo», Ionesco 1982, acto primero). Es tímido y confía poco en él, no se atreve a confesarle a su amiga Daisy los sentimientos que tiene hacia ella y parece más estremecido por el paso de ésta que por el del rinoceronte. Soñador e incluso apático, descuida su aspecto. Resiste a la tentación de la rinoceritis por instinto, más por solitario que por solidario. Es en cierta manera un antihéroe: su última intervención («¡Yo no capitulo!», Ionesco 1982, acto tercero) es un desafío a los monstruos, que le han hecho un héroe sin querer.

Además en *Rinoceronte* el personaje de Bérenger aparece en tres obras de Ionesco: *El asesino sin gajes* (1959), *El rey se muere* (1962), y *El peatón del aire* (1963).

JEAN

Es un hombre cuidado y elegante. Gran burgués muy pretencioso, es poco indulgente con su amigo Bérenger: se muestra duro ante él y no le molesta darle lecciones. Asegura tener respuestas para todo. Este personaje intransigente y feroz, incluso agresivo, estaba enteramente destinado a transformarse en rinoceronte.

BOTARD

Este personaje representa los clichés inequívocos de la propaganda totalitaria: cada vez más enfurecido, habla con indirectas y se contradice, a veces en la misma frase. Presume de su mente metódica, de su antirracismo y critica abiertamente a los jefes, a la Iglesia y a los periodistas. Al principio no cree en los rinocerontes. Asegura conocer a los responsables de esta «maquinación infame» (Ionesco 1982, acto segundo). Después de indignarse violentamente ante la transformación de su jefe, el señor Papillon, se transforma también por cobardía y conformismo.

DUDARD

Es el típico personaje intelectual que quiere explicar la realidad y que llega, a fuerza de querer aclararlo, a minimizarla. Cuando visita a Bérenger, completamente trastornado por la transformación de su amigo Jean, no entiende por qué éste se preocupa y le propone relativizarlo pensando que los problemas no son en absoluto graves. Dudard, vista su serenidad, parece el que más armas tiene para resistir a la tentación de la rinoceritis. Sin embargo a fuerza de sopesar las cosas, llega a perder la lucidez y cede a la llamada de la multitud.

DAISY

Esta joven secretaria rubia es el único elemento femenino de la obra y representa la mujer amada y la consoladora. Es muy realista, está más pendiente de desayunar que de dejarse impresionar por la ola de rinoceritis. Pero no tiene la fuerza necesaria para comprometerse en la lucha junto a Bérenger: la tentación de fundirse en la masa es más fuerte y se une a los rinocerontes.

EL LÓGICO

Este personaje aparece en pocas ocasiones en la obra, pero tiene gran importancia: representa lo contrario de Bérenger. Es la imagen de los ideólogos y de los pseudo intelectuales, confecciona razonamientos amañados que llevan a conclusiones grotescas. Sucumbe rápido a la epidemia.

CLAVES DE LECTURA

UNA DENUNCIA DE LOS TOTALITARISMOS

En esta obra todos los personajes excepto uno se transforman poco a poco en rinocerontes. Ionesco denuncia una forma de abdicación: antes que mantenerse humano (lo que implica pensar en sus actos, decidir y defender sus opiniones), los hombres prefieren con cobardía seguir su instinto animal y fundirse en la masa dando muestras de un cierto conformismo. Se distingue una crítica al nazismo, pero también se deja ver una denuncia de todos los sistemas totalitaristas. De hecho, los rinocerontes representan muy bien las normas del pensamiento totalitarista: acaban con todo a su paso y no dejan lugar a la oposición.

UNA SÁTIRA DEL LENGUAJE ESTEREOTIPADO

En esta obra el lengua es esencial: él es prácticamente el protagonista. Sin embargo, al leer las palabras pronunciadas por los personajes de la obra, nos damos cuenta rápidamente de que sus mensajes se impregnan de una cierta nimiedad: las réplicas son tópicos, fórmulas banales que se suceden con una supuesta lógica. Cuando Jean al principio del primer acto le da la charla a Bérenger, parece repetir una lección que en realidad no conoce (de hecho se contradice más tarde cuando dice que va a dormir la siesta en lugar de ir al museo). Botard también habla sólo con clichés y pasa de una idea a otra. Al principio de la obra, Bérenger también sufre el mismo mal, pero intenta darle un contenido a las palabras y siente que no hay que rendirse.

Ionesco destruye el lenguaje y traslada la guerra a los clichés y estereotipos. Este derribo se integra en una crítica de la sociedad: los diálogos mecánicos, ilusorios, paródicos, ponen de relieve la inanidad de la comunicación entre seres que no se escuchan entre ellos, que hablan pero no dicen nada.

EL PODER DE LA VOLUNTAD

Este tema está omnipresente en toda la obra. Desde el principio cuando Jean critica a Bérenger, le exhorta a que tenga más voluntad, a ser menos blando. Luego, a medida que se amplifica la epidemia de rinoceritis, Bérenger compara el caso, se preocupa del riesgo de contagio y se pregunta si se puede, si uno quiere, resistir a la tentación. Intenta convenceré de que es un asunto de voluntad. Al final, llega a afirmar su decisión de no transformarse en rinoceronte: «¡Yo no capitulo!» (Ionesco 1982, acto tercero).

UNA MEZCLA DE CÓMICO Y TRÁGICO

Aunque *Rinoceronte* empiece con un registro insólito y cómico (un rinoceronte aparece en una pequeña ciudad, pero los habitantes siguen ocupándose de sus ocupaciones ridículas), la obra se vuelve cada vez más trágica y fantástica (las transformaciones se multiplican y sólo resiste un hombre). Ionesco, «pesimista feliz», usa lo cómico para describir una situación trágica: la imposibilidad de los hombres de comunicarse entre ellos.

EL TEATRO DE LO ABSURDO

Cartel de la obra de teatro que dirigió Orson Welles en Londres en 1960, basada en el escrito de Ionesco.

Junto a Beckett (escritor irlandés, 1906-1989) principalmente , Ionesco es el fundador del teatro del absurdo, una corriente que nació después de la Segunda Guerra Mundial y que se caracteriza por un replanteamiento de la dramaturgia tradicional (ausencia de una verdadera intriga, personalidad de los protagonistas poco marcada, espectáculo total donde las visiones y audiciones tienen mucha importancia, etc.), la emergencia del sentimiento de lo absurdo del hombre y de la vida y el tema de la imposible comunicación entre los individuos. Este nuevo teatro recuerda los temas existencialistas de las obras de Sartre (escritor y filósofo francés, 1905-1980) y de Camus, pero si lo absurdo de estos últimos desemboca en un compromiso o en una revuelta, lo absurdo de Ionesco parece, al contrario, inmovilizarse en un trágico total.

PISTAS PARA LA REFLEXIÓN

ALGUNAS PREGUNTAS PARA PROFUNDIZAR EN SU REFLEXIÓN...

- ¿Qué convierte a Bérenger en un antihéroe?
- *¿Rinoceronte* es una denuncia? Explíquelo.
- Compare esta obra con *1984* de Orwell. ¿El propósito de los dos autores es el mismo?
- En su opinión, ¿por qué Ionesco ha decidido transformar a los hombres en rinocerontes y no en otro animal?
- Compare el lugar y la función del lenguaje en esta obra y en *La cantante calva* del mismo autor.
- La obra de Ionesco se relaciona con el teatro del absurdo que recuerda a las obras de Camus y de Sartre. ¿En qué se diferencia la concepción de lo absurdo de Ionesco de la de estos dos autores? ¿Se muestra más pesimista o, al contrario, más optimista que Camus y Sartre?
- ¿Cómo se relaciona el teatro del absurdo con el contexto histórico-político en el que nació?
- Según usted, ¿esta obra es una comedia o una tragedia? Justifique su opinión.

¡Su opinión nos interesa!
¡Deje un comentario en la página web de su librería en línea,
y comparta sus favoritos en las redes sociales!

PARA IR MÁS ALLÁ

EDICIÓN DE REFERENCIA

- Ionesco, Eugène. 1982. *Rinoceronte*. Traducido por María Martínez Sierra. Madrid: Alianza Editorial.

Un año antes de publicar *Rinoceronte*, Ionesco escribió una novela corta con el mismo título. Se presenta como un relato en primera persona y cuenta una historia similar a la de la obra: el narrador, Bérenger, narra en un texto en pasado la progresiva transformación en rinoceronte de todos los habitantes de la ciudad. Al final de la novela, se contempla delante del espejo, angustiado por la idea de no ser como los otros. Este punto diferencia a la novela del teatro: en la novela la reacción de Bérenger es más segura porque asume su condición humana.

ESTUDIOS DE REFERENCIA

- Hamon, Philippe y Denis Roger-Vasselin, dir. 2000. *Le Robert des grands écrivains de langue française*. París: Le Robert.
- Frois, Etienne. 1992. *Rhinocéros- Ionesco*. París: Hatier, colección *Profil littérature*.

EN RESUMENEXPRESS.COM

- Guía de lectura de *La cantante calva* de Eugène Ionesco.

www.resumenexpress.com

ISBN ebook: 9782806272676

ISBN papel: 9782806285744

Depósito legal: D/2016/12603/510

Cubierta: © Primento

Libro realizado por <u>Primento</u>*, el socio digital de los editores*